Parrain et Tatie

C'est long, pour devenir grand

Récit

Editions Amalthée

Pour tout contact :
Editions Amalthée — 2 rue Crucy — 44005 Nantes Cedex 1
www.editions-amalthee.com

PRÉFACE

Pourquoi un recueil de mots de notre petite Marie et de notre petit Matthieu, nos filleuls ? Pour ne pas perdre dans l'oubli des instants de bonheur que leur présence a pu nous apporter.

Ces mots n'ont rien d'exceptionnel : ce sont des réflexions d'enfant que souvent, un papa ou une maman a eu la joie d'entendre, mais n'a pas pris soin de conserver soigneusement, comme un trésor pour les jours à venir.

L'AMOUR EST LE PLUS FORT

Il est exceptionnel, dans un monde égoïste,
Habité par la haine et la mauvaise envie,
De rencontrer des gens dont le bonheur consiste
À donner de la joie, à donner de la vie.

En général, les seuls qui ont ce privilège
Ont croisé le regard lumineux d'un enfant ;
Ils ont été alors, comme par de la neige,
Surpris, émerveillés, éblouis un instant.

Avec nos deux petits, nous avons cette chance
De nous régénérer, de nous laver de tout.
En les voyant grandir, nous reprenons confiance
Pour vivre et nous aimer dans un monde qui est fou.

Un foyer pour durer, garder son équilibre,
Doit donner très souvent, mais parfois recevoir,
Du bonheur, de la paix et de la joie de vivre.
L'Amour, comme un enfant, a souvent peur du noir.

Aussi, notre couple est porteur d'espérance
Et nous, Roland et Arlette, sans effort,
Nous démontrons à tous, avec tant d'évidence,
Qu'il n'est rien de plus vrai : "L'Amour est le plus fort".

Roland Daret - 1994

MARIE…

Née sous le signe du capricorne…

IMPARABLE

Parrain prépare le barbecue :

« Marie, si tu touches le feu, tu vas te brûler. Il faut faire venir le docteur. Tu vas à l'hôpital. Tu ne vois plus Papa, Maman, et Petit Matthieu. »

Marie, après un temps de réflexion :

« Et toi, si tu te brûles, tu vois plus Tatie. »

YEUX

Marie, très fière :

« Maman, elle dit que j'ai de bons yeux... Elle dit que j'ai des yeux de 'lynsque'... »

PROPRETÉ

Tatie, au petit voisin Lionel, qui arrive tout marmousé :

« Lionel, tu es tellement sale, que j'ai envie de te mettre dans la machine à laver. Marie, tu es d'accord ? »

Marie, enthousiaste, mais prudente :

« Oui... mais pas Marie... Parce que Marie elle est un peu propre. »

ZOOLOGIE

Marie, excitée et déçue à la fois :

« Chez "BRAVO", pour mettre dans la piscine, il y avait un beau "zerbe". Mais maman n'a pas pu me l'acheter. »

Parrain et Tatie ne trouveront pas de "zerbe", et Marie aura un crocodile...

PROPRIÉTÉ

Tatie à Marie :

« Tu sais que tu es le petit trésor à Parrain et Tatie ? »

Marie, ravie mais soucieuse… on ne sait jamais :

« Oui… mais aussi à Papa, Maman et Matthieu. »

RÉGAL

Toute la famille est réunie. Tatie a servi des coquilles Saint-Jacques. Marie goûte la première et s'écrie :

« Maman, tu vas te régaler ! »

Éclat de rire général. Marie disparaît sous la table.

NOËL

Marie, l'air entendu… :

« Je sais que les Papas Noël qu'il y a dans la rue, ils sont pas vrais… Mais j'aimerais bien voir le vrai, celui qui porte les jouets à la maison ».

BEAUTÉ

Parrain aux petits :

« Parrain, il aime beaucoup Tatie. Elle est belle Tatie. C'est vrai ? ».

Marie :

« Oui, mais la plus belle, c'est Maman ».

Matthieu, péremptoire :

« Non ! Elles sont belles toutes les deux ».

Marie s'explique :

« Oui, mais moi j'ai dit que c'était Maman, parce que c'est ma maman ».

MATTHIEU...

Né sous le signe du Lion, notre Matthieu ne fait pas mentir son horoscope ; chez lui, tout est lumière, rien de sournois, nulle mesquinerie.

Il est « bien dans sa peau » et son regard brille d'assurance et d'audace. Quand il est content, il irradie son entourage de sa joie de vivre, mais quand ça va mal pour lui, mieux vaut s'écarter de son chemin : les colères d'un Lion sont courtes, mais terribles...

PREMIER AVIS

Installé sur les genoux de Tatie, Matthieu regarde un dessin animé à la télévision. Arrive Parrain, qui vient de prendre sa douche, en peignoir rouge vif à parements noirs. Matthieu tourne la tête, retire sa sucette de la bouche, et s'adressant à Tatie, lâche ses premiers mots :

« Il est beau, Tadin ! »

Il reprend sa sucette et continue son film...

LA PEUR DU LOUP

Pendant que Parrain fait la sieste, Matthieu et sa sœur, Marie, jouent sagement dans la salle à manger, avec Tatie installée dans le fauteuil.

Mais Parrain se réveille, descend sans faire de bruit, et dans le récupérateur de chaleur de la cheminée, imite le cri du loup.

Marie reste pétrifiée sur place. Matthieu, n'écoutant que son courage, bondit sur les genoux de Tatie, et au bout d'un moment de silence, rassure tout le monde :

« C'est Tadin qui fait le "hou". »

LE SENS DU COMMANDEMENT

Matthieu, quitte dans les bras de Parrain, le lit dans lequel il atterrit, à la fin de la nuit. Il fronce les yeux, durcit le ton, et impérial, l'index pointé, intime l'ordre :

« Dodo, KAKIE ! »

STUPÉFACTION SINCÈRE

Parrain à Matthieu :

« Enlève-toi de mes jambes, casse-pieds ».

Matthieu regarde par terre et se relève stupéfait :

« Ils sont pas caqués mes pieds ! »

RÉPARTITION DES ATTRIBUTS :

Parrain jure comme le capitaine Haddock :

« Saperlipopette ! Lustucru ! Cornichon ! »

Matthieu, calmement, rectifie :

« Mais non... Toi t'es salipette. Kakie, c'est Lustucru, et moi, j'es « conichon. »

Tatie :

« Mais non... Tu n'es pas cornichon. »

Matthieu, sûr de lui :

« Si ! J'es conichon ! C'est Tadin qui l'a dit ».

L'AUTOMOBILE

Matthieu :

« Quand j'aurai sept ans et demi, j'aurai une grosse voiture rouge. »

Parrain :

« Et comment tu feras pour l'acheter ? »

Matthieu :

« Je demanderai les sous à Maman et à Papa. »

Parrain complique la situation : :

« Et, si Papa et Maman n'en ont pas des sous ?... »

Matthieu, maître de la situation : :

« Je demanderai les sous à Parrain et à Kakie ! »

Cette question...

APPRÉCIATION DE PILOSITÉ

Matthieu, installé sur les genoux de Parrain, devant l'ordinateur, lui passe la main sur la joue et constate :

« Tadin, il kique....»

Parrain passe la main sur les joues de Matthieu et questionne :

« Toi, tu ne piques pas. Est-ce que tu t'es rasé ce matin ?...»

Matthieu explique :

« **Non ! c'est les Papas et les Tadins qui se rasent.** »

Parrain, curieux :

« Et Tatie, elle pique ? »

Illico, Matthieu descend des genoux de Parrain, va à la cuisine, demande à Tatie de se baisser, lui passe la main sur les joues, et remonte aussitôt.

« **Non ! elle kique pas.** »

OBSERVATION ANATOMIQUE

Matthieu, dans le bain :

« Le kiki de Marie, il est pas comme le mien... il ressemble à un petit cucu ».

PROBLÈME DE ROBINET

Matthieu est en train de ranger, consciencieusement, les éléments d'un puzzle qu'il affectionne : une basse-cour, avec veau, vache, cochon… Comme il commence à savoir compter jusqu'à 5, il fait remarquer à Parrain :

« Regarde, Parrain… La vache, elle a quatre robinets… »

Il passe à l'âne, et reste perplexe :
« Dis, Parrain… L'âne, il a qu'un robinet ? »

ATTENTION QUASI-RELIGIEUSE

Parrain a fait la crèche, et Tatie, en attendant Noël, a « réservé » le Petit Jésus dans la tisanière sur la cheminée.
Un moment après, Matthieu vient demander à Tatie, étonnée, un morceau de carton :

« C'est pour mettre devant Jésus… Il est tout nu, il a froid. »

Parrain explique alors comment l'âne et le bœuf ont réchauffé Jésus en soufflant sur lui, dans la crèche. Rassuré Matthieu va, à son tour, le dire à Tatie, en soufflant son haleine sur son bras… Le carton restera devant la tisanière jusqu'au 25 décembre…

AUTORISATION PRÉALABLE

Matthieu, qui est parti faire son pipi, appelle Tatie :

« Kakie ! Kakie ! Je peux faire "titi" debout ? »

Quelle question pour un grand garçon comme lui !

CURIEUX DÉSIR MUSICAL

Comme Marie, sa sœur, a dit à Tatie qu'elle aimerait bien avoir un violon. Matthieu enchaîne :

« Et moi, je voudrais un saxophone. »

Il se tourne, confiant, vers Tatie :

« Dis, Kakie, qu'est-ce que c'est un saxophone ? »

LE HÉRISSON DE NOËL

Les petits découvrent les jouets, le matin de Noël. Papa filme au caméscope. Maman découvre les cadeaux de Marie.

Matthieu se débrouille comme un grand, et, tout à coup, crie de joie :

« Maman, j'ai l'orisson ! »

Papa Noël n'a pas oublié le hérisson qu'il avait commandé l'avant veille... Le reste des paquets n'est ouvert que pour la forme.

COPAINS DE DINOSAURES

Matthieu pose la main sur l'épaule de Parrain qui a peur de regarder les monstres préhistoriques du film « Fantasia », et, la main sur l'épaule, le rassure :

« C'est pas parce qu'ils sont grands qu'ils sont méchants... »

SOMMEIL PROFOND

Matthieu, à Parrain qui lui demande un bisou avant de le laisser dans son lit :

« Je peux pas... tu vois pas ? je dors. »

... et de fermer fort les yeux, en ronflant bruyamment.

LE NOMBRIL PERDU

Pour taquiner Tatie et Parrain, Matthieu remonte sa culotte à mi-poitrine, et déclare, hilare :

« J'ai plus de nombril... je l'ai perdu sur la route... il a été écrasé par une grosse voiture rouge. »

ÉVALUATION CAPILLAIRE

Pour répondre à Parrain qui lui a demandé la couleur de ses cheveux, Matthieu ramène une mèche sur le front, lorgne longuement en levant les yeux, et déclare, ravi :

« Ils sont jaunes. »

Parrain interroge encore :
« Et les miens ? »

Matthieu pose ses deux mains sur la tête de Parrain, lui fait un bon shampooing, et, tout joyeux, s'esclaffe :

« Tout gris, tout gris, tout gris... »

VIL ÉGOÏSME

Couché entre Parrain et Tatie, pour une sieste qu'il n'a pas l'intention de faire, Matthieu confie à Tatie :

« Parrain, il est égoïsse… »

Tatie dément. Matthieu persiste :

« Si, il est égoïsse. Il veut que je fasse dodo, et je suis pas fatigué. »

SANS L'OMBRE D'UN REPROCHE

Tatie a mobilisé Parrain pour mettre en route le magnétoscope pour Matthieu qui attend sagement, installé sur son petit fauteuil.
Fausse manœuvre, la télévision s'éteint…
Matthieu constate calmement :

« Ça y est… Tu as gagné… Elle est cassée… Tu es content ? »

DÉCLARATION D'INDÉPENDANCE

Devant toute la famille réunie, Matthieu proclame sa soif de liberté :

« Je fais ce que je veux, si je veux, quand je veux ! ».

Et il est stupéfait de la réaction provoquée : un éclat de rire général.

SAGE CONCESSION

Une fois de plus, Matthieu n'est pas d'accord avec son Parrain sur les règles d'un jeu ; cette fois, il ne transige pas, croise les gras et déclare, bien décidé :

« Je ne joue plus ! »

Après une longue réflexion de cinq à six secondes, condescendant, il lâche :

« Bon ! d'accord... ! »

On ne sait jamais... si Parrain l'avait pris au sérieux...

COMPLICITÉ DE LANGAGE

Matthieu explique à Tatie ce qu'il a appris de ses parents :

« Tu sais, Tatie, quand j'étais bébé, je te disais : Kakie... Mais kaki, c'est un fruit.
Maintenant je dis : Tatie. »

Tatie est heureuse, à moitié, de ce progrès ; elle prend son petit dans les bras. Matthieu en profite pour lui susurrer à l'oreille :

« Tatie-Kakie, Tatie-Kakie… »

MARIE-MA-SŒUR

À Parrain et Tatie très attentifs, Matthieu fait le récit détaillé de ses démêlés avec ses copains d'école, qui, désormais, font presque partie de la famille. Aussi, au nom de Marie, Parrain cherche à s'y retrouver :

« Marie ? quelle Marie ? Marie Tressol, ta copine ? »

Matthieu rectifie ; c'est pourtant évident :

« Mais non… Marie ma sœur ! »

L'ÉTERNEL FÉMININ

Marie-ma-sœur est avec son petit frère chez Parrain et Tatie ; elle ne sait pas trop ce qu'elle veut : rester pour jouer ou retourner à la maison… Elle veut téléphoner à Maman, puis elle ne veut plus…

Assis sur le coffre de l'entrée, Matthieu observe placidement les tergiversations de sa sœur, puis lâche :

« Mais, Marie… à la fin… qu'est-ce que tu fais ? tu pars ou tu restes ? »

Ah ! les femmes, femmes, femmes... (air connu)

DÉCLARATIONS D'AMOUR

Tatie à Matthieu :
« Tu es si gentil que je vais te bouffer de bisous... »

Un instant après, Matthieu dans les bras de Tatie :

« Tatie, je vais te bouquer de bisous... et même les oreilles ! »

CADEAUX

Tatie et Parrain sont sur le point de partir, quand Matthieu s'exclame :

« Mais, Tadin, tu as oublié ta peluche ! »

Et de s'éclipser un instant pour revenir avec un gros éléphant.

Tatie, inquiète, questionne :
« Et moi, alors, »

« Toi aussi, Kakie ! »

Une seconde peluche séjournera quelque temps chez Parrain et Tatie...

QUESTION D'ÂGE

Au restaurant, en partant en vacances avec les deux petits, Tatie donne une cuillerée de gratin à Matthieu, qui lui demande :

« Je suis pas un bébé ? Alors, pourquoi tu me donnes à manger ? »

LES MONTAGNARDS SONT LÀ

En commençant une promenade, dans la Vallée de l'Ubaye, Matthieu entonne courageusement :

« Un kilomètre à pied, ça use, ça use,
Un kilomètre à pied, ça use mes p'tits pieds... »

L'EUROPE SANS FRONTIÈRE

Au Col de Larche, Tatie et Parrain expliquent ce qu'est la frontière :

« Vous voyez, ici c'est la France. Là, c'est l'Italie. »

Un instant après, Marie-ma-sœur escalade un talus et se trouve en difficulté pour redescendre. Matthieu dirige les opérations de secours et crie à sa sœur :

« Marie ! Marie ! descends par l'Italie ! »

CRUEL DILEMME

Grave discussion dans la voiture, en retournant vers Barcelonnette, pour savoir comment on va gérer, de concert, les tours de manège.

Matthieu préfère commencer par l'âne ou le cheval, tandis que Marie-ma-sœur, intraitable, ne fait aucune concession : ce sera la tasse à café.

En fin de compte, Matthieu cède :

« Bon ! D'accord ! Madâââme ! »

CURIOSITÉ CAPRINE

À travers un grillage, chez des amis, Matthieu donne à manger à une petite chèvre, et, incrédule, demande à Parrain :

« Dis, Parrain… Pourquoi, la chèvre elle a des petits rochers sur la tête ? »

UNE COLLECTION DE PLUS

Devant la vitrine du living, Matthieu est en extase devant les merveilles de Tatie et Parrain (poupées, boîtes à musique…

et petits santons trouvés dans les galettes des Rois !). En toute simplicité, il s'exclame :

« Oh, Parrain… Qu'elles sont belles tes fèves… Tu en as beaucoup… ! »

Parrain :
« Ça te fait plaisir, si je te les donne ? »

Matthieu est abasourdi ; il n'avait pas prévu la question.

« Toutes ? »
Parrain :
« Pourquoi pas ? Si Tatie est d'accord… »

Matthieu se jette dans les bras de Parrain, lui fait un bisou, et l'entraîne par la main :

« Viens… on va lui demander ».

Arrivé dans la chambre où Tatie est encore au lit, Matthieu baisse les yeux et dit à Parrain » :

« Parrain, c'est toi qui dis…. »

Devinez qu'elle a été la réponse de Tatie…

Le soir, Matthieu confiera à sa Maman : :

« Maman… Je suis enchanté de ma collection de fèves. »

AUDACE, ENCORE DE L'AUDACE…

Tatie a montré à Matthieu, sur un livre, une hermine, et commente :

« C'est gentil, l'hermine… Pourquoi tu ne dirais pas, demain, à ta maîtresse, à l'école : « Bonjour, hermine ! »

Matthieu est ravi à cette idée…
Le lendemain soir, il avoue, tout penaud, à Tatie :

« Tatie… J'ai pas pu dire « Bonjour « hermine » à la maîtresse ».

PROPOS NON LIBERTINS

En grande discussion avec Tatie, Matthieu lui pose les mains sur la poitrine, et intrigué, lui demande ce que c'est.
Tatie répond :

« C'est la poitrine »…

Matthieu approuve, l'air entendu :

« C'est la « poitine » ? Ah, oui, c'est les tétés… »

VIEILLESSE NON ENNEMIE

Matthieu, méditatif :

« C'est long pour devenir grand quand on est petit… »

L'ŒIL DU MAÎTRE

Matthieu surveille l'ouvrier qui taille les oliviers, et aide Parrain à ramasser les branches :

« Dis, Parrain, le Monsieur il descend de l'arbre… Dis, Parrain, le Monsieur il remonte dans l'arbre… Parrain, le Monsieur il est un peu coquin ! »

DONNE-LUI TOUT DE MÊME À BOIRE…

Après une grosse colère avec Parrain, au sujet de la construction de la cabane, Matthieu est sur le point de boire le verre de sirop que lui a préparé Tatie, quand il s'arrête brusquement :

« Je suis sûr que tu as pas donné à boire à Parrain… Il va mourir de soif… »

Et Matthieu ne boira son verre qu'après que Parrain se soit désaltéré.

COLÈRE ET REMORDS

Tatie :

« Tu sais Matthieu, ce n'est pas très beau ce que tu as fait… Pourquoi tu as fait une grosse colère tout à l'heure ? »

Matthieu, tout contrit :

« Oui, Tatie… mais j'en ai fait qu'une… »

ÉCHANGES NOCTURNES

Au milieu de la nuit, une petite voix vient de la chambre de Matthieu :

« Tatie… Tatie… je peux venir dans ton dodo ? »

Tatie bondit, et revient triomphante avec Matthieu dans les bras, le couche dans le lit, et éteint la lumière.

Un instant après, dans l'obscurité, Parrain renifle et s'étonne :

« Tatie, ça sent le chien… »

Pause nocturne. Puis Matthieu renifle, et à son tour :

« Tatie, ça sent l'autruche. »

Vigoureuse intervention de Tatie :

« Maintenant, mes hommes, taisez-vous… le premier qui parle… »

Matthieu dort déjà.

LE BON CHOIX

Difficile choix pour Matthieu au petit-déjeuner, à l'hôtel. Par quelles céréales commencer ? Finalement, c'est le hasard qui tranchera. Matthieu « ploume » :

« Ploum Es-tu déjà monté sur une échelle au bout du ch'min ? au bout de quoi ? un, deux, trois. »

Et il choisit le paquet qu'il préfère...

SACRÉ TRAVAIL

En semaine, Matthieu arrive, bien décidé, et demande à Tatie si Parrain est là. Tatie est désolée, mais Parrain est à son travail, à la Mairie...

Stupéfaction de Matthieu :

« Il est encore à la Mairie ? mais pourquoi il va toujours à la Mairie ? Qu'est-ce qu'il fait ? »

C'est vrai, au fait...

LA PETITE SOURIS

À Tatie, à qui il faut accorder la maternité de la petite souris qui porte des cadeaux, Matthieu demande en fin de repas :

« Tatie, moi, je mange, toi tu vas dans la salle à manger… Tu surveilles… Si tu vois la petite souris, tu me dis de quelle couleur elle est… »

Tatie est arrivée trop tard. La petite souris était déjà passée.
Triomphe modeste de Matthieu :

« Tu vois… Je t'avais dit de surveiller. »

HEUREUSE ÉDUCATION

Matthieu fait approuver par Tatie sa conception d'éducateur de Frimousse, le chat de la maison : :

« Tu comprends, Tatie… Frimousse jouait avec les fils électriques. Je lui ai dit : « Frimousse, ne fais pas ça ». Heureusement, Tatie, que je lui ai dit : Frimousse, ne fais pas ça ».

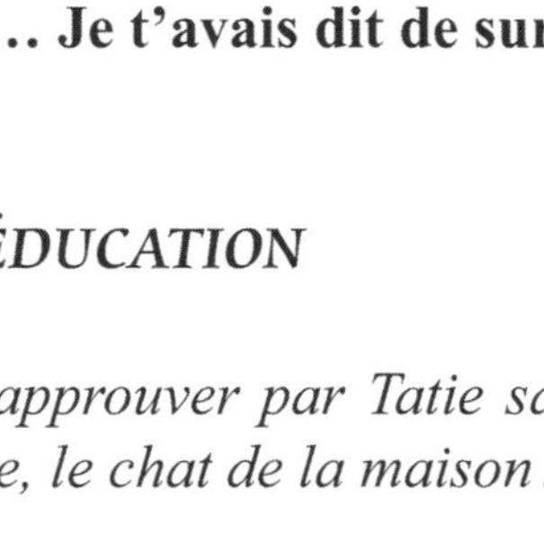

INTÉRÊT ET DÉCEPTION

Le matin, Tatie va voir Matthieu qui attend sagement dans son lit, et lui demande s'il veut, comme d'habitude, terminer son dodo avec elle. Question préalable de Matthieu :

« Et Parrain, il est réveillé ? »

Tatie explique :

« Parrain, il dort encore dans la chambre de Marie… »

Matthieu, un peu surpris :

« Bon… Alors je reste encore un peu dans mon lit… »

Il n'est pas resté très longtemps…

TRAGIQUE CATASTROPHE

À Marie-ma-sœur qui le taquine parce qu'il a renversé son verre de sirop, Matthieu, excédé, réplique :

« C'est pas rigolo… Et, en plus, j'ai plus rien à boire. »

OBSERVATION DE BOTANIQUE

À Tatie qu'il aide, dans le jardin, à arracher les herbes, Matthieu demande :

« Dis, Tatie ? je pouvais l'arracher cette herbe ? »

Tatie :
« Bien sûr, mon trésor… C'est une herbe sauvage. »

Étonnement de Matthieu :

« Une herbe sauvage ? Mais, Tatie, elle m'a pas mordu ! »

INFORMATIQUE ET LIBERTÉ

Matthieu, seul devant l'ordinateur, sur lequel il expédie comme un professionnel les puzzles que lui a préparés Parrain, tombe sur un os.
Il ne panique pas :

« Parrain… Viens… J'ai besoin de toi… J'ai un petit problème ».

HISTOIRE DE VAUTOUR

Parrain fait un copier-coller sur l'ordinateur sous la surveillance de son petit, et lui annonce fièrement :

« Regarde Matthieu… J'ai capturé deux vautours. »

Matthieu, rigolard, empoigne Parrain à bras-le-corps :

« Moi aussi, j'en ai attrapé un. »

SINGERIES FAMILIALES

Après une partie acharnée de « menteur », Parrain, qui a perdu, fait la grosse colère :

« Matthieu mon neveu, tu n'es qu'un infect babouin ! »

Matthieu, ravi de voir l'effet de sa victoire :
« Et toi… tu es un misérable mandrill. »

Se faire traiter ainsi de cynocéphale…

COQUIN-TAQUIN

Tatie a gâté son petit trésor… Parrain constate :
« Elle est gentille, Tatie. Et moi, je suis gentil ? »

Hésitation de Matthieu dont le regard est brusquement devenu rieur :

« Non… Tu es pas gentil… Tu me taquines tout le temps… »

Il se jette dans les bras de Parrain :

« Mais je t'aime… »

ODIEUX CHANTAGE

Différent entre Matthieu et Parrain : un de plus… Le Lion se fait menaçant :

« Attention ! Je le dis à Tatie… »

Parrain fait fi de cet ultimatum. Aussitôt, Matthieu, d'une voix implorante d'agonisant à l'extrême limite de ses forces, lance son S.O.S. :

« Tatiiiiiie… Tatiiiiie… »

Le soutien logistique ne se fait pas attendre ; la protectrice attitrée se pointe à l'horizon de la querelle comme un avion à réaction de combat. Matthieu peut tranquillement dire à Parrain :

« Tu vois… Je te l'avais dit ! »

UN PARTOUT

À la question un peu tordue « Qui c'est que tu aimes le plus ? Parrain ou Tatie ? » ; Matthieu répond sans ambages :

« Je vous aime autant les deux ; vous êtes gentils tous les deux. »

QUEL SOUCI… LA FAMILLE

Matthieu a quitté précipitamment, pour faire son pipi, l'ordinateur sur lequel il travaille avec Parrain. Il confie à Tatie :

« Je remonte vite… Je suis sûr que Parrain est en train de me faire des bêtises… »

GROS MOTS

Matthieu veut bien chanter une comptine à Tatie et Parrain. Au préalable, il s'inquiète :

« Mais Tatie… je dois dire trois gros mots… Je vais te les dire à l'oreille… »

Tatie donne son accord, et Matthieu peut chanter :

**«… Lait de vache, vache, vache,
Vache de ferme, ferme, ferme,
Ferme ta gueule, gueule, gueule,
Gueule de loup, loup, loup..»**

LANGAGE CHÂTIÉ

Depuis que Papa lui lit les romans de la Comtesse de Ségur, Matthieu a modifié son parler. Il peut ainsi reprocher dignement à Marie-ma-sœur :

« C'est pas vrai ! C'est des menteries ».

POLITESSE EN RACCOURCI

Parrain, qui attend des amis, recommande aux deux petits de bien dire « Bonjour, Monsieur », « Bonjour, Madame ».

Matthieu, très à l'aise, est d'accord :

« Moi, je dirai « Bonjour Messieurs-Dames, c'est plus court. »

COUP DE SPLEEN

Petit coup de mélancolie pour Matthieu, au moment d'aller au dodo chez Parrain et Tatie.

« Je veux coucher chez Parrain et Tatie, mais je veux aussi coucher chez Papa et Maman, parce que ma chambre elle est belle, je l'aime beaucoup. »

Matthieu dormira dans sa maison ; Parrain et Tatie n'ont pas hésité à l'emmener, en pyjama, chez son Papa, sa Maman, Marie-ma-sœur, et Frimousse.

PLOUMER (2e version)

Ne pas oublier de compter, sur les pieds rapprochés pour l'occasion :

« Ploum.
Pimpanikaï le Roi des Papillons
Se faisait la barbe et s'est coupé le menton.
1, 2, 3 de bois.
4, 5, 6 de buis.
7, 8, 9 de bœuf
10, 11, 12 de bouse.
1.2.3. Va-t'en à Toulouse. »

POINTURE ET POINTURE

Matthieu, très fier de ses nouvelles chaussures, annonce, preuve à l'appui :

« Je fais du trente. »

Le soir, avant d'enfiler son nouveau pyjama, il s'inquiète : :

« Dis, Parrain. C'est du trente ? »

ARBRE GÉNÉALOGIQUE

Après une visite d'une cousine de Parrain, Matthieu s'inquiète auprès de Tatie :

« Mais qui c'est qui a fait Parrain ? C'est Paulette ? »

Tatie explique :
« Non, c'est sa maman ».

Matthieu questionne encore :

« Alors, c'est Mamy ? »

Tatie rectifie :
« Non, Mamy, c'est la maman de ton papa, de Michèle et de moi ».

Matthieu, perplexe :

« Et Mamy ? qui l'a fait ? C'est Michèle ? »

C'est trop compliqué, la famille…

VÉHÉMENTE PROTESTATION

Matthieu, à qui on parle encore de sieste :

« Oh là là. Cette maison où il faut toujours faire beaucoup dodo… ! »

DRAME DE LA RUPTURE

En désaccord avec Tatie, Matthieu lui déclare : :

« Je t'aime pas. Je t'ai jamais aimée ! »

Philosophe, Tatie lui répond :
« Ça ne fait rien… Tu m'aimeras tout à l'heure. »

JEU SAVANT

Matthieu arrive à la maison avec le jeu de « CLUEDO » sous le bras. Il explique : :

« C'est un jeu pour les parents, mais je sais jouer aussi… C'est Papa qui m'a appris. »

LA RÈGLE DU JEU

Matthieu inaugure avec Parrain son jeu de « L'Ile Mystérieuse »… et en invente les règles au fur et à mesure que se déroule la partie. Le partenaire floué, proteste légitimement :

« Mais ce n'est pas écrit dans les règles ! »

Matthieu balaye l'objection :

« Les règles, les règles… Mais les règles, elles disent n'importe quoi ! »

CONNAISSANCE

Matthieu joue au loto avec Parrain. Il tire les numéros, puis confie cette responsabilité à Parrain qui sort, par hasard, cinq numéros à son avantage. Perplexité de Matthieu qui croit que Parrain a triché : il renverse ses cartes et sort sans dire un mot pour présenter ses doléances à Tatie qui se repose dans la chambre.

« Tatie… Parrain, il a triché et, en plus, il a menti… ! »

Tatie ne peut croire à un tel forfait. Matthieu réitère ses accusations. Aussi, Tatie lui explique :

« Tu sais, Matthieu… Parrain ne triche pas et il ne ment pas… Je le connais… »

Réponse douloureuse et immédiate :

« Oh, je le connais mieux que toi… »

Pour prouver cette connaissance, Matthieu argumente :

« Si tu le connais bien... qu'est-ce qu'il fait maintenant, Parrain ? »

Tatie propose aussitôt :

« Parrain... ou bien, il est en train de lire... ou bien, il se repose... »

Aussi sec, Matthieu descend dans le living, jette un œil, et remonte voir Tatie... qui a raison.

« Oui... mais... sur quel fauteuil il est, Parrain ? »

« Sur quel fauteuil ?... près de la chaîne hi-fi... ? »

Re-descente, re-vérification. Matthieu remonte triomphant :

« Non ! il est sur la banquette... Tu vois que je le connais mieux que toi. »

C.Q.F.D.

PRÉCAIRE TRANQUILLITÉ

Parrain à Matthieu qui rentre de vacances :

« Pendant quinze jours, tu n'étais pas là… il n'y avait personne pour m'embêter… »

Réponse très calme de Matthieu :

« Comme ça, tu étais tranquille… ».

Commentaire de Parrain :

« Non, justement… ça m'a manqué… ! »

DOULOUREUSE SÉPARATION

Tatie et Parrain partent en vacances. Matthieu marchande avec Tatie :

« Tatie… Quinze jours, c'est beaucoup… Pars que dix jours… »

Tatie cède. Matthieu insiste :

« Tatie… huit jours… »

Tatie promet, et raconte son dialogue à Parrain qui questionne Matthieu.

« Comment allons-nous faire si Tatie ne peut partir que huit jours ? »

Matthieu trouve là une occasion inespérée de taquiner Parrain.

« Tatie, elle part huit jours… Mais toi, tu peux partir quinze jours, ça fait rien ! »

Anxieux, Parrain questionne son neveu sur cette affreuse indifférence. Matthieu, ravi et hilare, peut répondre :

« Parce que tu m'embêtes tout le temps… »

COURAGE TRANQUILLE

Tatie et Parrain arrivent chez les enfants en pleine séance de vaccination. Alors qu'ils entendent Marie crier comme un cochon qu'on égorge, ils croisent Matthieu qui remonte guilleret, torse nu, dans l'escalier.

Tatie, pleine de sollicitude, s'inquiète :

« Et toi, mon petit chéri, comment ça va? on t'a fait la piqûre ? »

Réponse étonnée du chéri en question :

« Oui. Pourquoi ? »

AMÈRE CONSTATATION

Tatie demande à Matthieu ses réflexions sur son anniversaire, qu'il a célébré, en vacances au Mont-Dore, avec Papa, Maman et Marie-ma-sœur :

« Tu te rends compte, Tatie... J'avais quatre ans et demi... Maintenant, j'ai cinq ans... Ça passe... »

REVENDICATION DE TITRE

Tatie s'affaire, se trompe et s'exclame :
« Quelle tête de linotte, cette Tatie ! »

Matthieu la rassure et rectifie :

« Mais non, Tatie, c'est moi, tête de linotte ».

Tatie ne supporte pas que son chéri se charge de ses péchés :
« Mon trésor... tu n'es pas une tête de linotte... »

Matthieu est sûr de son fait :
« Si... je suis tête de linotte. C'est la maîtresse qui l'a dit. »

MIROIR TROMPEUR

Tatie explique à Matthieu le sens du mot « admirer » :

« C'est regarder et trouver beau… Quand tu t'admires dans un miroir, tu te trouves beau, bien habillé… »

Parrain trouve là une occasion inespérée de taquiner Matthieu.

« Dis, Tatie… Quand Matthieu s'admire dans un miroir, tu sais ce qu'il voit ? »

Matthieu, philosophe, intervient calmement :

« Oui… il voit un chien ! »

C'est ce qui s'appelle se faire couper l'herbe sous les pieds…

CRITIQUE ARTISTIQUE

Duel sans pitié entre Matthieu et son Parrain…

C'est à qui réalisera, à l'ordinateur, le modèle de tissus en couleurs qui plaira le plus à Tatie, Juge Suprême, bien que très partial.

Parrain est fier d'une de ses œuvres.

Matthieu hésite. L'occasion est trop belle de taquiner Parrain : il fait la moue, et finalement, lâche :

« Oui… c'est pas trop moche… »

PROPOS EQUINS

En voiture, Matthieu et sa Tatie s'installent toujours sur le siège arrière : Parrain fait office de chauffeur de maître.

C'est ainsi qu'à la fois décidé, joyeux et souverain, Matthieu a pu lancer à son Parrain. :

« Vas-y… Hue, dada… »

La CLIO n'est certes pas le char solaire, et son conducteur ne se prend pas pour Apollon, mais il proteste quand même :
« Dis, mon neveu… je ne suis pas un cheval ! »

Matthieu, ravi de voir que ça marche, continue :

« Tu n'es pas un cheval… Tu es un âne ».

Trop, c'est trop… Comme l'insulté se rebiffe, Matthieu, sincèrement surpris, s'explique :

« Tu sais, Parrain, un âne c'est gentil… et puis, c'est très intelligent… »

C'était donc un compliment. Il est sensé, cet enfant…

UN VRAI SECRET

Matthieu veut confier, au téléphone, un secret à sa Mamie. Il s'enferme dans la cuisine avec le combiné portable, délivre son message et prévient :

« C'est un secret… Fais gaffe, Mamie… Si tu le dis à Tatie, je ne te dis plus rien. »

Comme Mamie voulait s'entretenir avec sa fille, elle a « fait gaffe »… et a promis de ne rien révéler.

LAPSUS ET CONFIDENCE

Matthieu se confie :

« Tatie, je vais te dire un secret… L'autre jour, j'ai dit « Maman » à la maîtresse… Heureusement, elle m'a pas entendu… Après, je lui ai dit : « Maîtresse… »

L'INFLATION DE BISOUS

Comme Matthieu est de mauvais poil, son Parrain s'éclipse. L'irascible regrette vite d'avoir perdu son compagnon de jeu ; Tatie lui conseille d'aller demander pardon en faisant un bisou.

Matthieu consent, va voir Parrain, s'exécute gentiment, mais, en redescendant voir Tatie, il s'exclame :

« Oh là là… cette maison… il faut toujours faire des bisous… J'aimerais pas y vivre ! »

PEAU D'ANGE

Du coin de l'œil, Tatie, dans la salle de bain, observe Matthieu qui passe soigneusement le blaireau de Parrain sur ses joues, ses bras et ses jambes. Elle s'étonne, il s'explique :

« Comme ça, je serai aussi doux que Parrain… »

Qui c'est le plus beau dans la maison ?

FACÉTIE RÉVÉLATRICE

Matthieu et Parrain sont à l'ordinateur. Tatie les appelle pour le déjeuner. Matthieu descend immédiatement à la cuisine, s'installe à sa place et déclare à Tatie :

« Parrain ne mange pas… Il reste devant l'ordinateur… »

Aussitôt la maîtresse de maison rappelle à l'ordre son époux récalcitrant qu'elle croit en train de se gaver d'octets… mais ce dernier arrive aussitôt.

Étonnement de Tatie citant les propos de son neveu, tout joyeux, qui explique :

« J'ai dit que tu ne venais pas, pour faire râler Tatie... »

Plus de doute... le vocabulaire de l'école est entré dans nos murs. Une page est tournée...

PROTOCOLE VESTIMENTAIRE

Tatie parle avec son petit chéri du prochain mariage du frère de sa maman ; elle s'inquiète :

« Et comment tu vas être habillé pour le mariage ? Tu as ce qu'il faut ? »

Matthieu la rassure :

« Oui... j'ai un pantalon et une chemise... »

Tatie ne lâche pas le morceau, elle a son idée sur la question :

« Tu as une belle chemise blanche ? »

Stupéfaction de Matthieu :

« Pourquoi blanche ? c'est pas moi qui me marie ! »

FORMATION CONTINUE

Matthieu, qui a, entre autres, la passion des cartes, a appris à Parrain un nouveau jeu. Aussi, en partant, le soir, il recommande :

« Dis, Parrain, n'oublie pas d'apprendre à jouer à Tatie… Comme ça, quand je reviendrai, je pourrai jouer avec elle ! »

LARGESSE D'ESPRIT

Au jeu du mikado, Parrain, qui est en train de perdre.., proteste :

« Matthieu ! tu as a fait bouger le jeu ! »

Le partenaire, avide de victoire, balaie la remarque, pourtant pertinente :

« Je sais… mais c'est pas grave… »

ET LA TENDRESSE…

À table, Parrain remercie Tatie en lui faisant un bisou, sous l'œil attendri de Matthieu qui constate :

« Vous vous faites des gentillesses… »

HISTOIRES DE SOURIS

Matthieu fait part à Tatie de ses doutes sur l'existence de la souris qui lui apporte toujours des petits cadeaux :

« C'est pas la souris qui a porté ça, Tatie… C'est trop gros ! »

Tatie sent que c'est le moment de vérité, et pose la question :

« Mais, si ce n'est pas la souris, qui c'est, d'après toi ? »

« C'est Parrain ! »

Après un bisou scellant cette découverte, Matthieu enfonce un peu plus le clou de la gentillesse :

« Mais alors… je ne vous ai pas fait de bisous pour tout ce que vous m'avez donné quand j'étais petit. »

UNE RESSEMBLANCE CERTAINE

Matthieu et Parrain feuillettent une Encyclopédie du Monde Animal, et tombent sur un portrait du naturaliste suédois Linné. Sans lire le commentaire, écrit en toutes petites lettres, Matthieu questionne :

« Dis, Parrain, c'est Jean-Sébastien BACH ? »

Il faut reconnaître que les perruques du début du XVIIIe siècle se ressemblent beaucoup... « Il faut quand même y penser » songe Parrain rêveur.

CRIME ET CHÂTIMENT

Pour ne pas changer, Matthieu taquine Parrain qui fait la grosse colère, et qui intime l'ordre à son neveu de venir recevoir le juste châtiment de ses impertinences. L'insolent s'exécute sans se faire prier, et, hilare, tend sa joue... sur laquelle vient aussitôt se planter un gros bisou ! Commentaire confiant :

« J'étais sûr que c'était ça... »

CROISSANCE ANORMALE

Tatie regarde son trésor qui prend tout son temps, allongé dans la baignoire et lui dit, geste à l'appui :

« Quand je te donnais le bain et que tu étais bébé, tu étais grand comme ça… »

Stupéfaction de Matthieu : :

« Mais alors… j'ai grandi des jambes ? »

ÉVOLUTION LINGUISTIQUE

Matthieu joue à « Mistigri inconnu » avec Parrain. Il est en train de perdre… Il regarde son jeu et, réaliste, constate :

« Je suis mal barré ! »

JEU DE RÔLES

Avant d'entamer une partie de chasseur, rôle éternellement dévolu à Parrain, Marie-ma-sœur distribue les rôles :

« Je suis une maman lapin, et toi, Matthieu, tu es un rossignol ! »

Protestation véhémente du joueur :

« J'ai déjà été rossignol la dernière fois ! Je ne veux pas rester rossignol toute ma vie ! »

Marie, condescendante, modifie son choix :

« Bon… tu seras mon bébé lapin ! »

Nouveau refus de Matthieu qui explose :

« Non ! Moi aussi, je veux être maman. Moi aussi, je veux avoir des enfants ! »

Le droit de choisir, ça existe, oui ou non ?

RECONNAISSANCE ARTISTIQUE

Lors d'une promenade au Plateau d'Utelle, Tatie et Parrain font découvrir à leurs deux petits chéris le Sanctuaire de la Madone, et regardent, dans le déambulatoire autour de la chapelle, une exposition de copies, plus ou moins naïves, d'œuvres de peintres connus.

Un tableau retient leur attention : peinture impressionniste, scène de bal, guinguette, canotiers... mais, impossible de retrouver le nom de l'artiste !

C'est alors qu'intervient notre Matthieu :

« C'est pas Renoir ? »

Et dire qu'il vient d'avoir six ans...

SOUCI ET RECOMMANDATIONS

Matthieu débarque de la voiture de son papa avec Marie-ma-sœur et deux petits copains. Il est ravi de faire les présentations, mais, l'air préoccupé, il prend Tatie à part pour lui demander :

« Dis, Tatie… Il faut que tu sois très gentille avec Arnaud et Guillaume, parce que leur maman est très malade : elle a un pied dans le plâtre, et elle a vomi au moins trente fois aujourd'hui… »

Tatie, émue, prend son petit cœur dans ses bras, et le rassure : :

« Tu sais, Tatie aime tous les enfants, et elle est toujours gentille avec eux. »

Matthieu, très prude, complète :

« C'est pas ça, Tatie… Tu sais bien ce que je veux dire. »

Évidemment, Tatie le sait...

LE CONTRÔLE DES CONNAISSANCES

Matthieu teste Parrain sur sa connaissance de la table de multiplication. Les questions fusent :

5 fois 3: 15, **6 fois 2:** 12, **4 fois 7:** 28, **8 fois 7 :** 63,
9 fois 9 : 98, **7 fois 4:** 32

D'où le constat de surprise et la vague inquiétude du neveu devant les carences de son aîné :

« Mais... tu es vraiment nul en calcul ! »

L'ART DE PRÊCHER LE FAUX...

L'air soucieux, Parrain accueille son neveu, et, d'un ton très douloureux, lui déclare :

« Maintenant, à cause de toi, tout le monde dans le quartier, m'appelle "Autruche"... "Bonjour l'Autruche... Comment ça va l'Autruche ?"... »

Sincère stupéfaction de Matthieu :

« Mais... c'est pas moi ! Je l'ai dit qu'à Arnaud ! »

LA RÉVOLTE DU BON SENS

Matthieu et Marie-ma-sœur viennent manger. Tatie leur propose le menu qui paraît incompatible avec les ukazes maternels en matière de diététique : pas de foie gras, pas de dessert, un seul plat...

Alors que Marie suggère de manger quand même et de ne pas le dire à Maman, Matthieu s'insurge... à juste titre :

« On ne va tout de même pas se laisser mourir de faim ! »

Il ne manquerait plus que ça...

EXPLICATION PICTURALE... OU L'ART DE MARCHER SUR DES ŒUFS

Plongé, à son habitude, dans la lecture de l'Encyclopédie Larousse, Matthieu tombe sur un tableau bizarre : « Bacchanales » de Nicolas POUSSIN.

« Dis, Parrain, qu'est-ce que c'est des Bacchanales ? »

Le tableau est suggestif, et Parrain embarrassé :

« Des Bacchanales ? C'étaient des fêtes en l'honneur de BACCHUS, le Dieu du Vin. Les gens se réunissaient, la nuit, dans un bois, et ils faisaient la fête : ils mangeaient et buvaient. »

Commentaire mitigé du neveu :

« C'est bien ça ! »

Mais il faut continuer l'explication, ne pas se dérober. devant la réalité de l'image.
« Après, les gens se mettaient tout nus et dansaient. »

Jugement lapidaire qui tombe comme un couperet :

« Ça, c'est nul ! »

RESTONS LOGIQUES

Marie explique les difficultés scolaires d'une copine :

« Tu comprends, Tatie, ses parents n'avaient pas vu qu'elle avait des problèmes de vision. »

Commentaire logique de Matthieu :

« Ils n'avaient pas vu qu'elle avait des problèmes de vision… Alors, c'est eux qui ont des problèmes de vision, s'ils n'avaient pas vu qu'elle avait des problèmes de vision ! »

On pourrait continuer longtemps…

ÉVOLUTION DU VOCABULAIRE

Matthieu et Marie sont venus aider Tatie à peindre de petits objets en bois. Pour limiter les dégâts, cette dernière leur donne à chacun de vieilles affaires à enfiler.

Matthieu, affublé d'une espèce de chemisier, questionne, d'un air désabusé :

« Quelle tronche j'ai là-dedans ? »

INQUIÉTUDES

Profitant d'une sortie en voiture avec leurs deux chéris, Tatie et Parrain posent des jalons :

« Vous savez que Parrain et Tatie aimeraient bien partir en Bretagne. Qu'est-ce que vous en pensez si nous partions ? »

Réaction et inquiétude immédiate de Matthieu :

« Vous partirez pour un mois, ou deux, pas plus ? »

Et Marie d'opiner en ce sens…

NON, MAIS… ! DES FOIS… !

Lors d'un séjour à l'hôtel, à Valberg, au cours d'une partie de Monopoly, Marie applique une règle connue des seuls enfants… et, n'osant pas retirer une maison à Tatie ou à Parrain, l'enlève à Matthieu.

Ce dernier demeure silencieux un court instant, quitte sa place, fait le tour du lit, va reprendre sa maison sur le jeu de Marie, et d'une voix calme, mais déterminée déclare :

« J'aime pas qu'on me prenne mes maisons ! »

JUSTE RÉPARTITION

En voiture, Parrain démarre alors que Tatie n'a pas encore fermé sa portière. Tatie proteste, et Parrain se justifie en expliquant que, dans les films de gangsters, c'est ainsi que ça se passe.

Tatie rétorque qu'elle n'a pas une tête de gangster, Parrain l'assure du contraire. Tatie, outrée, prend Matthieu à témoin :

« Dis-moi, chéri, est-ce que j'ai une tête de gangster ? »

Réponse immédiate de Matthieu :

« Oui, tu as une tête de gangster. »

Tatie suffoque d'indignation, mais le neveu indigne s'explique :

« Pour une fois que je ne taquine pas Parrain… »

HAUTE TECHNOLOGIE

Marie explique à Parrain, qui ne connaît pas grand-chose dans les sports alpins, les avantages des skis semi-paraboliques :

« Tu comprends, Parrain, quand tu veux tourner, les skis tournent tout seuls. »

Et Matthieu d'ironiser calmement :

« Ils tournent tout seuls… Ce sont des skis automatiques. »

LA BONNE AFFAIRE

Matthieu et Marie complotent dans un coin du jardin en s'affairant autour de ce qui est censé être un jeu de boules, un enclos grillagé, puis nous font part du fruit de leurs cogitations.

« Pourquoi vous n'achèteriez pas un cheval, Parrain et Tatie ? Vous pourriez le mettre dans le jeu de boules. C'est fermé et Parrain n'aurait qu'à faire une petite maison. »

Tatie, qui ne veut pas transformer sa maison en ranch du Far West, trouve rapidement l'objection qui doit faire mouche.

« Vous savez, mes petits chéris, qu'un cheval ça coûte beaucoup d'argent ! »

Et Marie, très au courant des cours actuels sur les marchés équestres, de répondre :

« Tu sais, Tatie, il y a des chevaux d'occasion qui ne sont pas très chers. »

Pauvres bêtes...

LA BANDE DES COLLETS

« Allô, Parrain, c'est Matthieu. »

« Bonjour, mon grand... etc. etc. Tu m'appelles pourquoi ? »

« Tu as de la ficelle pour faire des yo-yo ? »

« Ça peut toujours se trouver... Mais c'est pourquoi faire ?

« Des yo-yo ! Tu sais faire des yo-yo ? »

Et de fil en aiguille, Parrain se trouve embarqué dans la construction de « Méga-YOYO »...

«Mais, tu en veux combien de ces yo-yo ? »

Réponse immédiate de Matthieu.

« **Attends, je calcule… »**

Et Parrain de trembler, car son neveu est le Président, incontesté et incontestable, de la Bande des Collets. Il limitera néanmoins les dégâts.

JEUNESSE

Les membres de la Bande des Collets connaissent bien Parrain et Tatie qui les intriguent un peu. Matthieu explique :

« Ils croient que vous êtes nos grands parents, mais ils sont étonnés et ne comprennent pas, parce que vous êtes trop jeunes. »

Ça fait tout de même plaisir à entendre !

CHANTAGE

En voiture, sur le chemin de l'école, Tatie et Parrain exercent un odieux chantage à l'encontre de leur neveu : un bisou supplémentaire ou ils se feront remarquer devant le portail de la cour de récréation, devant les copains, devant les enseignants..

Comme Matthieu est mi-figue mi-raisin, Parrain pousse, à titre d'exemple, un cri terrible. Tatie fait encore mieux et complète l'avertissement en se mettant à hurler de manière horrible.

Le studieux filleul réfléchit rapidement. :

« Je vais avoir l'air bête ! »

Et de planter un gros bisou sur la joue de chaque maître-chanteur.

HISTOIRE DE FRANCE

Pour aider son neveu, Tatie dicte à Matthieu, qui le recopie de sa plus belle écriture, un article de l'encyclopédie sur les Capétiens.

Commentaire en cours de dictée :

« Mais… dans cette histoire, ils s'appellent tous Hugues ! »

PROPRIÉTÉ

Papa commente un jeu qu'ont reçu les enfants :

« C’est un jeu aléatoire. »

Matthieu sursaute et rectifie :

« Mais… il est à moi ce jeu ! »

ENTRAÎNEMENT

Après que Papa ait soufflé les bougies d’un petit manège de Noël, Parrain est surpris par la déception affichée de son neveu qui s’explique :

« Tu comprends, je voulais m’entraîner pour mes dix ans. »

SPÉCIALITÉS GRECQUES

Pour son travail scolaire, Matthieu est à la recherche de spécialités grecques. Tatie lui propose des loukoums : à quelques kilomètres près, ça peut faire l’affaire… Elle en goûte un et commente :

« C’est comme de la guimauve ! »

Le chercheur en goûte un à son tour et tranche :

« C’est pire ! »

LOIN DES YEUX…

Marie est partie quelques jours au ski avec des copines. Tatie s'inquiète auprès de son petit chéri :

« Alors tu es tout seul… Marie ne te manque pas trop ? »

Réponse lapidaire de Matthieu :

« Bof… ! »

Sans commentaire.

DÉCRÉPITUDE

Parrain, au téléphone, veut semer le doute dans l'esprit de son neveu.

« On doit se voir bientôt, je crois ? »

« Bien sûr ! »

Question perfide.

« Ah !… pour quelle occasion ? »

« Mais… pour mon anniversaire ! »

Étonnement honteusement feint.

« Ton anniversaire ? Tu as quel âge ? »

Trop, c'est trop. Riposte pleine de commisération.

« Pauvre Parrain. »

QUESTION DE GOÛT

Après une facétie supplémentaire de son neveu, Parrain profite de sa force physique pour clouer ce dernier sur la banquette du salon, et, magnanime, lui laisse le choix de sa punition.

« Qu'est-ce que tu préfères ? des guilis ou trois coups de poing sur le nez ? »

Cri du cœur de la future victime :

« Trois coups de poing sur le nez ! Trois coups de poing sur le nez ! »

REPROCHES

Tatie se plaint aux enfants de ne pouvoir jouer que rarement au jeu de solitaire qu'ils lui ont offert, et que Parrain monopolise.

L'occasion est trop belle pour Matthieu.

« Ah ça, mais… ! Parrain ! Qu'est-ce que j'apprends ? Tu empêches Tatie de jouer avec son jeu ? Qu'est-ce que ça veut dire, etc. »

UNE HISTOIRE DE RÉVEIL

Matthieu est venu dormir chez Parrain et Tatie, qui sont réveillés, le matin, par l'alarme du réveil. Comme par miracle, le neveu arrive aussitôt pour présenter ses salutations affectueuses et matinales.

Rien d'étonnant à un tel déroulement des faits jusqu'à ce que le facétieux filleul explique :

« Comme vous dormiez encore et que je commençais à trouver le temps long, je suis venu dans votre chambre, j'ai pris votre réveil, et j'ai réglé l'alarme pour vous réveiller. »

Faute avouée est à moitié pardonnée… mais, il fallait quand même y penser.

PETIT, PETIT…

Réflexion surprenante de Matthieu :

« J'aimerais bien être un peu malade. »

Devant l'ahurissement de Parrain et Tatie devant ce morbide souhait, le maso-neveu s'explique :

« Comme ça, je pourrais rester à la maison pour me faire chouchouter par Maman. »

TEL UN SERPENT SUR MON SEIN…

Marie ne veut pas jouer au Rummy-O sous prétexte qu'elle perd toujours. Son frère l'incite à jouer :

« Ça tombe bien, il nous faut un perdant. »

Et, dans la foulée, il décoche à son parrain la flèche du parthe :

« Pour une fois, ce ne sera pas Parrain le dernier. »

Merci, perfide neveu…

MANQUE DE RESPECT OU NON ?

Parrain grommelle devant son mauvais jeu au Rummy-O. Son neveu, qui gagne, avec la complicité flagrante de Tatie, en profite aussitôt :

« Mais… ? C'est mon Parrinou qui fait sa petite crise ? »

C'est irrévérencieux, mais ça fait quand même plaisir…

QU'EST-CE QUE C'EST QUE CHAT ?

Tatie n'est pas indifférente au projet familial d'adoption d'un chat officiellement destiné à Marie.

« Allô, Matthieu ? Qu'avez-vous décidé pour le chat roux que nous proposent nos amis ? Ça vous intéresse ? Qu'est ce que je leur dis ? »

Le filleul préféré gère la situation.

« Je ne crois pas que nous allons le prendre… Nous sommes déjà en contact avec un chat gris. »

MÉMOIRE DE LIÈVRE

Tatie et Parrain s'inquiètent auprès du neveu qui va avoir 12 ans.

« Matthieu, tu as pensé à quelque chose pour ton anniversaire ? »

« J'ai des idées, mais je les ai oubliées ! »

HISTOIRE SANS PAROLES

Célébration anticipée de l'anniversaire du filleul : cadeaux choisis par l'impétrant, surprises qui font toujours plaisir, et une carte d'anniversaire dans laquelle Parrain et Tatie promettent de ne pas oublier leur petit chéri quand ils seront installés en Bretagne.

Minute d'émotion pour Matthieu qui y va de sa petite larme…

Ce livre fait ressortir intelligence, finesse et humour, et je souhaite vous faire connaître, à travers ces lignes, son auteur, mon époux Roland, décédé le 4 juillet 2009.

Cet homme, d'une intelligence et d'une érudition supérieures, très distingué, plein de bonté et de modestie, avait axé sa vie sur l'amour de son prochain.

Il avait également une grande sensibilité artistique. Il jouait du piano, de l'accordéon, composait des poèmes et dessinait admirablement.
Il était, par ailleurs, gai, tendre et spirituel, et était apprécié de tous.

L'édition de cet ouvrage me permet de rendre un hommage au magnifique compagnon avec lequel j'ai eu le bonheur et le privilège de partager trente-deux années de ma vie.

—

Matthieu et Marie, que leur Oncle et Parrain, a chéris comme ses enfants, lui ont apporté de grandes joies, et lui ont permis, par leurs réflexions adorables et spontanées, de réaliser ce livre.

Je les en remercie de tout cœur.

—

J'exprime également mes remerciements à leurs parents, mon frère Bruno et son épouse Mireille, pour avoir illuminé notre vie en nous confiant ces deux petits, et permis ainsi à cet ouvrage de voir le jour.

Imprimé en France
978-2-310-00929-4
Dépôt légal : 2e trimestre 2011